Starters